I0107659

الصّداقة ولّا الحُبّ؟

كتبِتْها نورْهان سابِق

Friendship or Love?

Egyptian Arabic Reader – Book 10

by Nourhan Sabek

lingualism

© 2020 by Matthew Aldrich

Revised edition: 2025

The author's moral rights have been asserted. All rights reserved. No part of this document may be reproduced or transmitted in any form or by any means, electronic, mechanical, photocopying, recording, or otherwise, without prior written permission of the publisher.

ISBN: 978-1-949650-19-8

Written by Nourhan Sabek

Edited by Matthew Aldrich

Cover art by Duc-Minh Vu

Audio by Heba Salah Ali

website: www.lingualism.com

email: contact@lingualism.com

Introduction

The **Egyptian Arabic Readers** series aims to provide learners with much-needed exposure to authentic language. The books in the series are at a similar level (B1-B2) and can be read in any order. The stories are a fun and flexible tool for building vocabulary, improving language skills, and developing overall fluency.

The main text is presented on even-numbered pages with tashkeel (diacritics) to aid in reading, while parallel English translations on odd-numbered pages are there to help you better understand new words and idioms. A second version of the text is given at the back of the book, without the distraction of tashkeel and translations, for those who are up to the challenge.

New to this edition: the English translations have been revised for improved clarity and accuracy. Each story now also includes **20 comprehension questions** with example answers to help reinforce your understanding of the text. A **sequencing exercise** is provided as well, where you'll put ten key events from the story back in their correct order. These additions make the book even more useful for self-study, classroom use, or group discussions.

Visit www.lingualism.com/audio, to stream or download the free accompanying audio.

This book is also available in Modern Standard Arabic at www.lingualism.com/msar.

الصّداقة وَلّا الحُبّ؟

يوسِف[1]

بِيْقولوا الحُبّ أحْلى حاجة مُمْكِن تِحْصل لِأيّ حدّ. أنا معْرفْش أيْه هُوَّ الحُبّ. كُلّ اللي أعْرفُه هُوَّ الصّداقة و العيْلة. بسْمع إنّ الحُبّ أنْواع لكِن معْرفْش وَلّا نوْع. حتّى معْرفْش إذا كانِت الصّداقة نوْع مِن الحُبّ وَلّا اِهْتِمامي بِعيْلْتي و خوْفي عليْهُم نوْع مِن الحُبّ وَلّا لأ.

وَلا مرّة فكّرْت إنّ في يوْم هَيِظْهر حدّ يِخلّيني أفكّر في حَياتي و في علاقاتي و إنّ الحدّ ده مُمْكِن يِغيرّ كِتير فِيّا و في اللي حَواليّا.

ساعات بِنْقابِل ناس و بِنِبْعد عن ناس مِن غيرْ ما نْحِسّ بِأيّ تغيرُّ بِسببْهُم لكِن هِيَّ كانِت مُخْتلِفة. هِيَّ جت في حَياتي و حَياةْ أعزّ صاحِب لِيّا و غيرّْتِنا و غيرّْت كِتير في حَياتْنا. يِمْكِن حِكايْتي شبهْ كِتير مِن الحِكايات لكِن بِنِسْبالي كانِت مُخْتلِفة و جِديدة و كُلّ حاجة فيها أوِّل مرّة أحِسّها.

إسْمي يوسِف، ٣٨ سنة، وَرِثْت عن جِدّي و بابا الشُّغْل و الشِّرْكة. آدم صاحِب عُمْري. جِدّي و جِدّ آدم أصْحاب عُمْر و شُركا في الشُّغْل و عملوا الشِّرْكة سَوا و مِن بعْدُهُم أبّهاتْنا. و بعْد ما بابا مات، بابا آدم كمِّل ترْبيتي و مخلّانيش أحِسّ إنيّ مِن غيرْ أب.

Friendship or Love?

❖ Youssef ❖

They say love is the best thing that can happen to anyone. I don't know what love is. All I know is friendship and family. I hear that there are different kinds of love, but I don't know a single one. I don't even know if friendship is a kind of love, or if my care for my family and my worry about them is a kind of love or not.

I never thought that one day someone would appear who would make me think about my life and my relationships, and that this person could change a lot in me and in those around me.

Sometimes we meet people and drift away from people without feeling any change because of them, but she was different. She came into my life and my best friend's life and changed us, and changed a lot in our lives. Maybe my story is like a lot of other stories, but for me, it was different and new, and everything in it was something I felt for the first time.

My name is Youssef, 38 years old. I inherited the business and the company from my grandfather and father. Adam is my lifelong friend. My grandfather and Adam's grandfather were lifelong friends and business partners and started the company together, and then our dads continued after them. And after my dad passed away, Adam's dad continued raising me and never made me feel like I was without a father.

---

[1] This story is told from the first-person perspective of different
characters, so each section is marked accordingly.

حَياتي كانِت بسّ الشُّغْل و عيْلْتي و صاحْبي و شُوَيِّةْ الحفلات اللي بِتِتْعِمِل بِسببْ الشِّرْكة و نجاحْها. لكِن جِهْ اليوْم اللي تِتْغيرّ في حاجات كِتير و تِتْغيرّ حَياتي معاه.

بدأِت الحِكايَة مِن سنة:

"يوسِف، إنْتَ عارِف إنيّ باجي الشِّرْكة عشانك بسّ."

"آدم، إنْتَ مجْنون؟ هِيَّ شِرْكِتي أنا لِوَحْدي وَلّا أيْه؟ ما هي شِرْكِتك إنْتَ كمان!"

"أه، صحّ بسّ أنا شُغْلي فيها العلاقات العامّة. إنْتَ واخِد الإدارة و أنا أصْلاً مِش عايِز أمْسِك إدارةْ الشِّرْكة."

"آدم، يَعْني لَوْ أنا مِش مَوْجود الشِّرْكة دي لازِم تاخُد إدارِتْها و تِشْتغل."

"لا إنْتَ مَوْجود يا يوسِف و هتِفْضل مَوْجود و الشِّرْكة دي أنا مِش هشغّلْها أحْسن مِنّك. المُهِمّ بقى قابِلْت المُتدرِّبين الجُداد؟"

"لأ لِسّه و إنْتَ قابِلْتُهُم؟"

"لأ، طيِّب هُمّا مَوْجودين. خلّينا نِكلِّم مرْوَة تِدخّلْهُم و نِقابِلْهُم سَوا."

Audio Track Timestamp: [1:56]

My life was just work, my family, my friend, and the occasional parties held because of the company and its success. But then came the day when many things changed, and my life changed with it.

The story started a year ago:

"Youssef, you know I only come to the company because of you."

"Adam, are you crazy? Is it my company alone or what? It's your company too!"

"Yeah, true, but my job in it is public relations. You're the one managing it, and honestly, I don't want to run the company."

"Adam, I mean if I'm not around, this company needs you to take over and run it."

"No, you're here, Youssef, and you'll stay here. And I won't run this company better than you. Anyway, did you meet the new interns?"

"No, not yet. Did you meet them?"

"No, okay, they're here. Let's ask Marwa to bring them in and we'll meet them together."

"خلاص تمام."

"مرْوَة، اِبْعتيلي السِّيرَ الذّاتية بِتاعِةْ المتُدرِّبين الجُداد و خلّي واحِد واحِد يِدْخُل."

"مِسْتر يوسِف، هُمّا تلاتة بسّ."

"ماشي يا مرْوَة، عارِف إنُّهْم تلاتة بسّ."

"حاضِر يا مِسْتر يوسِف. هجيبْلك المِلفّات و أدخّلْهُم."

مرْوَة دخلِت عليْنا و إدِّتْني تلات مِلفّات فيهُم السِّيرَ الذّاتية لِكُلّ مُتدرِّب. و بدأ يِدْخُل واحِد واحِد فيهُم عنْدي في المكْتب و نِتْكلِّم معاه أنا و آدم. بعْد ما خلّصْنا أوِّل اِتْنيْن و كانوا وِلاد، دقّ الباب.

"اِتْفضّل." بفْتح المِلّف بِتاعْها و هِيَّ بتِدْخُل المكْتب. في أوِّل كام ثانْيَة أنا مكُنْتِش ببُصِّلْها و كُنْت بشوف ملفّها لكِن آدم شافْها.

"إسْمِك أيْه؟" آدم سألْها بِابْتِسامْتُه المُعْتادة.

"هانْيا. مِسْتر آدم صحّ؟"

أوِّل ما بدأِت تِكلِّم و سِمِعْت صوْتْها، بصّيْت عليْها. وَقْفِتْها و لِبْسها و اِبْتسامِتْها. فيه ثِقة في عيْنيْها و ثَبات اِنْفِعالي إنّها واقْفة قُدّام أصْحاب الشِّرْكة.

[3:17]

"Alright, sounds good."

"Marwa, send me the résumés of the new interns and have them come in one by one."

"Mr. Youssef, there are only three."

"Okay, Marwa, I know there are only three."

"Alright, Mr. Youssef. I'll bring you the files and send them in."

Marwa came in and gave me three files with each intern's résumé. They started coming in one by one to my office, and Adam and I talked with each of them. After we finished with the first two, who were both guys, there was a knock on the door.

"Come in." I opened her file as she walked into the office. In the first few seconds, I wasn't even looking at her—I was looking at her file. But Adam saw her.

"What's your name?" Adam asked her with his usual smile.

"Hania. Mr. Adam, right?"

The moment she started speaking and I heard her voice, I looked up at her. Her posture, her outfit, her smile. There was confidence in her eyes and emotional control standing there in front of the company owners.

"تِعْرفينا؟" سألْتها لإنّ مِش كُلُّه بِيْحاوِل يِعْرف عنِّنا و عن الشِّرْكة إلّا الصّحافة!

"المفْروض أعْرفْكو عشان قدِّمْت في الشِّرْكة. إزّاي أقدِّم في الشِّرْكة مِن غيْر ما أعْرف تاريخْها و بِتِشْتغل في أيْه و مين أصْحابْها."

"تمام. الملفّ بِتاعِك حِلْو و مبْروك! هتِبْدأي الشُّغْل يوْم الحدّ الجايّ."

آدم بِيْكلِّمْها و أنا ساكِت. مكُنْتِش فاهِم ليْه ساكِت كِده قُدّامْها. كُلّ اللي كُنْت حاسِس بيه وَقْتها إني عايِز أفْضل شايِفْها.

معْرفْش الحُبّ مِن أوِّل نظْرة و مِش بصدّق بِوُجودُه. و عارِف إنّي محبّيْتهاش مِن أوِّل نظْرة لكِن عارِف إنّي كرِهْت صداقتِها معَ آدم.

بدأِت هانْيا الشُّغْل و بدأِت تِتْطوّر العلاقة بيْنْها و بيْن آدم و بقوا أصْحاب، يِتْغدّوا سَوا و يِتْكلِّموا كِتير.

آدم كان قاعِد معَ هانْيا في المكْتب و أنا داخِل عنْدُه.

"آنِسة هانْيا."

"مِسْتر يوسِف."

"بِتِعْمِلي أيْه هِنا؟"

[4:44]

"Do you know us?" I asked her, because not everyone tries to learn about us and the company—except the press!

"Of course I know you. I applied to the company. How could I apply without knowing its history, what it does, and who owns it?"

"Alright. Your file looks great. Congratulations! You'll start work next Sunday." Adam spoke to her while I stayed silent. I didn't understand why I was so quiet in front of her. All I felt at that moment was that I wanted to keep looking at her.

I don't believe in love at first sight, and I don't believe it exists. And I know I didn't fall in love with her at first sight—but I did know that I hated her friendship with Adam.

Hania started working, and her relationship with Adam began to grow. They became friends, had lunch together, and talked a lot.

Adam was sitting with Hania in the office when I walked in.

"Miss Hania."

"Mr. Youssef."

"What are you doing here?"

"أنا كُنْت بسلِّم تقْرير لِمِسْتر آدم."

"و سلِّمْتيه؟"

"أه يا مِسْتر يوسِف."

"و هِيَّ اللي بِتْسلِّم شُغْل بِتُقْعُد معَ مُديرْها و تِضْحك و تِتْكلِّم؟!"

هانْيا وِقْفِت فجْأة: "مِش فاهْمة. حضْرِتك تُقْصُد أيْه؟"

قرّبْت مِنْها مِن غيْر ما أقْصُد أَوْ أحِسّ لكِن صوْت آدم وَقّفْني.

"يوسِف، فيه أيْه؟ أنا اللي قُلْتلها تُقْعُد شُوَيّة و نِتْكلِّم. عادي يا يوسِف."

"لأ مِش عادي يا آدم. و هِنا شِرْكة يَعْني مكان شُغْل! مِش كِفايَة بِتِتْغدّوا سَوا و بِتْكلِّموا برّه الشِّرْكة؟!"

"يوسِف..."

"مِسْتر آدم، أنا همْشي و أروح مكْتبي. مِسْتر يوسِف، آسْفة جِدّاً." هانْيا قطعِت كلام آدم و كانِت مِتْضايْقة و هِيَّ خارْجة مِن المكْتب.

"فيه أيْه يا يوسِف؟ ليْه حاسِس إنّ مِن لمّا هانْيا جت الشِّرْكة و إنْتَ بِتِتْصرّف معاها بِشكْل غريب؟ و مِش عادْتك تِكون كِده."

"و إنْتَ يا آدم ليْه قُريِّب مِنْها كِده؟"

[6:06]

"I was just handing in a report to Mr. Adam."

"And you handed it in?"

"Yes, Mr. Youssef."

"So now the one handing in work sits with her manager, laughs, and chats?"

Hania stood up suddenly: "I don't understand. What exactly do you mean, sir?"

I moved closer to her without meaning to or realizing it, but Adam's voice stopped me.

"Youssef, what's going on? I was the one who told her to stay a bit and chat. It's normal, Youssef."

"No, it's not normal, Adam. This is a company—it's a workplace! Isn't it enough that you have lunch together and talk outside of work?"

"Youssef..."

"Mr. Adam, I'll go back to my office now. Mr. Youssef, I'm very sorry." Hania cut Adam off, upset as she walked out of the office.

"What's going on, Youssef? Why do I feel like ever since Hania joined the company, you've been acting strange around her? That's not like you."

"And you, Adam—why are you getting so close to her?"

"يوسِف، إحْنا أصْحاب أنا و هانْيا. البِنْت شاطْرة و كُوَيِّسة جِدّاً و ليها مُسْتقْبل معانا."

بصّيْت لِآدم لمّا قال كِلْمة مُسْتقْبل و أنا كُلّ اللي بفكّر فيه ليْه فِعْلاً بتْضايِق لمّا بشوفْها بِتِضْحك معَ آدم و حتّى بتْضايِق مِن علاقِتْها بِكُلّ زمايِلْها في الشِّرْكة.

"يوسِف!" آدم قطع أفْكاري.

"نعم؟"

"إنْتَ سامِعْني؟"

"سامِع أيْه؟"

"كُنْت بسْألك عن عشا العمل معَ مِسْتر خيْري عشان العُقود الجِديدة معَ شِرْكِتُه."

"مالُه؟"

"أيْه رأْيَك لَوْ أخدْنا هانْيا؟"

"نعم! ليْه يا آدم؟ و مِن إمْتى بِناخُد مُتدرِّبين معانا؟"

"هانْيا مِش بسّ شُغْلها حِلْو، هانْيا كمان صورة و صوْت كُوَيِّس لينا."

[7:25]

"Youssef, Hania and I are just friends. She's talented, very good at her job, and she has a future with us."

I looked at Adam when he said the word "future," and all I could think about was why it really bothered me to see her laughing with Adam—and even her relationship with the rest of the colleagues at the company bothered me.

"Youssef!" Adam interrupted my thoughts.

"Yes?"

"Are you listening to me?"

"Listening to what?"

"I was just asking you about the business dinner with Mr. Khairy for the new contracts with his company."

"What about it?"

"What do you think if we take Hania with us?"

"What? Why, Adam? Since when do we take interns with us?"

"Hania doesn't just do great work—she also represents us well in appearance and voice."

"إزّاي؟"

"هانْيا بتِعْرف تِجيب معْلومات و كُلّ حاجة عن شُغْلها و عن الشّرِكات اللي نِتْعاقِد معاها. و غيرْ كِده أُسْلوبْها و كلامْها حِلْوِيين و ده زوِّد شُغْل عنْدِنا في فترْةْ وُجودْها معانا. عشان كِده شايِف إنّها هتْكون ميزة في صالِحْنا لَوْ أخدْناها معانا."

"سيبْني أفكّر."

"طيِّب المُهِمّ متِتْأخّرْش عشان لَوْ مُوافِق نِقولّها."

"تمام يا آدم."

هنْيا

يمْكِن تِكون وِجْهِةْ نظري مِن الحِكايَة مِش مُخْتلِفة كِتير و يمْكِن لإِنيّ بحْكي حِكايْتي معاهُم.

آدم و يوسِف شخْصينْ مُخْتلِفين تماماً لكِن أصْحاب جِدّاً. لمّا قدِّمْت في الشِّرْكة كُنْت قريْت كِتير و بحثْت كِتير عنْهُم و مِن اللي عِرِفْتُه إنُّهُم أصْحاب عُمْر و بِيْحِبّوا بعْض جِداً.

[8:27]

"How so?"

"Hania knows how to gather information and everything about her work and the companies we deal with. Besides that, her tone and communication style are excellent—and that's boosted business since she joined. That's why I think she'd be an asset if we take her with us."

"Let me think about it."

"Alright, just don't be late so we can let her know if you agree."

"Okay, Adam."

❖ Hania ❖

Maybe my point of view on the story isn't very different, maybe because I'm the one telling my story with them.

Adam and Youssef are completely different people, but they're very close friends. When I applied to the company, I had read a lot and researched a lot about them, and from what I found out, they were lifelong friends and cared about each other deeply.

متْخيِّلْتِش في يوْم إنّ وُجودي هَيْكون ليه أثر في حَياتْهُم أَوْ إنّ معْرِفِتْهُم هتْغيرّ كتِير في حَياتي. هانْيا اللي مبْدأْها الشُّغْل و النّجاح بعْد ما عِرِفْت يوسِف و آدم اِتْغيرّت كتِير... و حَياتي اِتْغيرّت معاهُم.

أوِّل مرّة شُفْتُه مكُنْتِش فاهْمة ليْه يوسِف بِيْبُصِّلي و كإنيّ غريبة أَوْ كإنُّه بِيِكْرهْني. مكُنْتِش فاهْمة إنّ علاقْتي بِآدم كانِت مِضايْقاه و صداقْتي معَ آدم وَصّلِتْه لإِنُّه يِتْضايِق و يِتْعصّب بِاسْتِمْرار و مِن النّاحْيَة التّانْيَة آدم اللي بدأ يِفكّر في صداقِتْنا بِشكْل مُخْتلِف.

يمْكِن محسّيْتْش بِكُلّ ده إلّا بعْد ما عزموني على عشا العمل معَ الشِّرْكة اللي هنِتْعاقِد معاها. كُنْت مبْسوطة جِدّاً إنُّهُم عزموني و فُرْصة لِيّا أثْبِت إنيّ قدّ الشُّغْل عشان فِعْلاً كُنْت عايْزة أشْتغل في الشِّرْكة و أكون مِن مُتدرِّبة لِمُوَظّفة في الشِّرْكة.

"هانْيا إنْتي جاهْزة؟ إحْنا تحْت البيْت."

"أه يا مِسْتر آدم."

"لأ، مِسْتر أيْه بسّ؟ إنْتي عارْفة لِحدّ ما نِوْصل تِقوليّ آدم. طول ما إحْنا برّه الشُّغْل تِناديني آدم."

"حاضِر يا آدم." ضِحِكْت و قفلْت الموبايْل.

[9:32]

I never imagined that my presence would have an effect on their lives or that getting to know them would change a lot in my life. I'm Hania—someone whose focus was always work and success. But after I met Youssef and Adam, I changed a lot... and my life changed with them.

The first time I saw him, I didn't understand why Youssef looked at me like I was a stranger—or like he hated me. I didn't realize that my relationship with Adam bothered him, and that my friendship with Adam made Youssef constantly irritated and upset. On the other hand, Adam started thinking about our friendship differently.

I don't think I realized all of this until they invited me to the business dinner with the company we were going to sign a contract with. I was so happy they invited me—it was a chance to prove I was up to the job, because I really wanted to work at the company and move from being an intern to a full-time employee.

"Hania, are you ready? We're outside your building."

"Yes, Mr. Adam."

"Come on, what's with the 'Mr.'? You know until we get there, just call me Adam. As long as we're outside of work, call me Adam."

"Okay, Adam." I laughed and hung up the phone.

لمّا نزِلْت و شُفْت يوسِف في العربية اِسْتغربْت. رِكِبْت و آدم اِبْتسمْلي و قال:

"عارِف شكْلك كُنْتي فاكْرة هاجي أخْدِك لِوَحْدي!"

"تقْريباً..."

آدم ضِحِك و يوسِف بصّ مِن الشِّبّاك و قال:

"مكُنْتيش عايْزاني آجي معاكو يا آنِسة هانْيا؟"

"لأ طبْعاً، مِش قصْدي يا مِسْتر يوسِف. مِسْتغْربة بسّ."

دخلْنا المطْعم، مِن المطاعِم المشْهورة و الكِبيرة في القاهِرة. جِهْ مُدير علیْنا و أخدْنا لِطرابيْزة في الآخِر عشان نِكون بِعيد عن دَوْشِةْ المطْعم.

وَصل مِسْتر خيْري و معاه المُحامي بِتاعُه. فِضِلْنا نِتْكلِّم لِحدّ ما الأكْل جِهْ و خِلِص و بعْد فترْة جِهْ راجِل و بدأ يِعْزِف البِيانو.

"هانْيا، تُرْقُصي معايا؟"

"آدم محدِّش بِيرْقُص هِنا. النّاس بِتِسْمع البِيانو. هنرْقُص لِوَحْدِنا وَلّا أيْه؟" ضِحِكْنا.

"عادي! إحْنا مُخْتلِفين خلّينا نِبْدأ نُرْقُص و نِشجّع النّاس تِقوم تُرْقُص."

[11:12]

When I came down and saw Youssef in the car, I was surprised. I got in, and Adam smiled at me and said:

"You really thought I'd come pick you up alone!"

"Kind of…"

Adam laughed, and Youssef looked out the window and said:

"You didn't want me to come with you, Miss Hania?"

"Of course not, that's not what I meant, Mr. Youssef. I'm just surprised, that's all."

We entered the restaurant, one of the famous and upscale places in Cairo. A manager came over and took us to a table in the back so we'd be away from the noise.

Mr. Khairy arrived with his lawyer. We kept talking until the food came and we finished eating. After a while, a man came and started playing the piano.

"Hania, dance with me?"

"Adam, no one's dancing here. People are just listening to the piano. Are we going to be the only ones dancing or what?" We laughed.

"It's fine! We're different. Let's be the ones to start dancing and get people to join us."

"تمام."

قُمْت رقصْت معَ آدم و بصّيْت على يوسِف لقيْتُه مِتْضايِق و وِشُّه غريب و مِتْعصّب. قام بِسُرْعة و قرّب عليْنا.

"آدم تِسْمحْلي!"

"يوسِف هَيرُقُص؟ جِديدة دي." آدم ضِحِك.

يوسِف أخد إيدي و قرّبْني ليْه و بدأْنا نُرْقُص.

"إنْتي عايْزة أيْه؟"

"عايْزة أيْه في أيْه يا مِسْتر يوسِف؟"

"مِن آدم؟"

"مِش عايْزة حاجة. أنا و آدم مُجرّد أصْحاب."

"أمْم، أصْحاب مِش شايْفة إنّها بِسُرْعة أوي؟"

"صداقِتْنا جت بِسُرْعة يَعْني؟!"

"أه."

"مِش بِسُرْعة وَلّا حاجة. أنا في الشِّرْكة مِن تلات شُهور و آدم سهْل في التّعامُل و إنْسان كُوَيِّس أوي. بحْترِمُه و بحِبُّه كصديق."

[12:35]

"Okay."

I got up and danced with Adam, and when I looked at Youssef, I saw that he was upset. His face looked strange and tense. He got up quickly and came toward us.

"Adam, if you'll excuse me!"

"Youssef is going to dance? Now that's new." Adam laughed.

Youssef took my hand, pulled me close to him, and we started dancing.

"What do you want?"

"What do I want? What do you mean, Mr. Youssef?"

"From Adam?"

"I don't want anything. Adam and I are just friends."

"Hmm. Don't you think this friendship developed a little too fast?"

"Our friendship developed fast, you mean?"

"Yeah."

"It wasn't fast or anything. I've been at the company for three months, and Adam is easy to get along with and a really good person. I respect him and care about him as a friend."

"صعْب أصدّقِك."

"ليْه؟ فاكِرْني عايْزة مِنُّه حاجة؟ و إنّي بفكّر في مصْلحْتي و في الفِلوس و الشُّغْل؟!"

"أه، أنا مِش فاكْرِك كِده... أنا مُتّأكِّد."

"تمام، أنا مِش هقول حاجة تِغيرّ رأْيَك فِيّا. بِالعكْس هسيبك لِحدّ ما تِغيرّ رأْيَك بِنفْسك."

وِقِفْت و بعِدْت عنُّه و رِجِعْت لِلكُرْسي بِتاعي و قعدْت. بقيةْ اللّيْلة كُنْت ساكْتة و مِش بتْكلِّم حتّى لِحدّ ما وَصّلوني لِلبيْت. آدم قال هَيِتّصِل بِيّا لمّا يِروح بيْتُه عشان نِتْكلِّم بِراحِتْنا و يِفْهم فيه أيْه. لكِن أنا قفلْت الموبايْل و نمِت.

عدِّت الأيّام و أنا مِش بحاوِل أتْكلِّم معَ يوسِف بِأيّ شكْل وَلا أتْواجِهْ معاه. كُنْت بحاوِل حتّى مَيْشوفْنيش لا لِوَحْدي وَلا معَ آدم. طول الوَقْت كُنْت مِتْضايْقة مِن تفْكيرُه فِيّا كِده و بدأْت أحِسّ إنّي عايْزة أغيرّ نظْرِتُه لِيّا. مِش عايْزاه يِحِسّ إنّي بعْرف آدم عشان مصْلحْتي أَوْ إنّي إنسانة مِش كْوَيِّسة!

[13:37]

"It's hard for me to believe you."

"Why? You think I want something from him? That I'm thinking about my own benefit, money, or work?"

"Yeah, I don't think that... I'm sure of it."

"Fine. I'm not going to say anything to change your opinion of me. On the contrary, I'll leave you until you change your mind on your own."

I walked away from him, went back to my seat, and sat down. The rest of the evening, I stayed quiet and didn't talk at all—not until they dropped me off at home. Adam said he'd call me when he got home so we could talk things through calmly and figure out what was going on. But I turned off my phone and went to sleep.

Days passed, and I didn't try to talk to Youssef in any way or come face to face with him. I even tried to avoid being seen by him—whether alone or with Adam. I was constantly upset by how he thought of me, and I started to feel like I wanted to change his view of me. I didn't want him to think I was close to Adam for my own benefit or that I was a bad person!

عايْزة نِتْعامِل سَوا بِأحْسن مِن كِده و نِكون كُوَيِّسين سَوا زيّ أنا و آدم. ليْه بفكّر فيه و ليْه عايْزة أوَضّحْلُه و أغيرّلُه تفْكيرُه؟ ليْه بتْضايِق لمّا مِش بِنِتْقابِل و نِتْكلِّم؟ ليْه كُلّ أحاسيسي مِن ناحْيِتُه غريبة و ملْهاش إسْم؟

فات شهْر و إحْنا كِده و عِرِفْت مِن آدم إنّ يوسِف هَيْسافِر في خِلال أُسْبوع عشان فيه شُغْل برّه مصْر لازِم يِسافِرْلُه. وَقْتها حسّيْت إنيّ عايْزة أتْكلِّم معاه و أشوفُه قبْل ما يْسافِر.

يوسِف

"اِتْفضّل اِدْخُل."

"مِسْتر يوسِف."

"هانْيا."

"حضْرِتك مِسافِر؟"

بصّيْت عليْها و أنا مِسْتغْرب مِن سُؤالْها: "بِتِسْألّي ليْه يا هانْيا؟"

"عايْزة أتْكلِّم معاك."

"فيه أيْه؟" قُمْت مِن وَرا المكْتب و بدأْت أقرّب مِنْها و حاسِس بِحاجة غريبة جُوّايا دايْماً بِتْشِدِّني ليها لكِن وَقّفْت نفْسي قبْل ما أقرّب أوي مِنْها.

[14:59]

I wanted us to deal with each other better, to be on good terms like I am with Adam. Why am I thinking about him? Why do I want to explain things to him and change how he sees me? Why do I get upset when we don't talk or see each other? Why are all my feelings toward him so strange and without a name?

A month passed like that, and I found out from Adam that Youssef would be traveling in a week because of business abroad. At that moment, I felt like I wanted to talk to him and see him before he left.

❖ Youssef ❖

"Come in, please."

"Mr. Youssef."

"Hania."

"Are you traveling, sir?"

I looked at her, surprised by her question: "Why are you asking, Hania?"

"I want to talk to you."

"About what?" I got up from behind the desk and started to move closer to her, feeling something strange pulling me toward her again—but I stopped myself before getting too close.

"هنِفْضِل كِده؟"

"كِده أيْه؟"

"هتِفْضِل مِتْضايِق مِنّي و فاكِر إنيّ أعْرف آدم عشان مصْلحْتي؟!"

"هَيِفْرِق رأْيي معاكي؟"

"أه يِفْرِق."

"ليْه؟"

"عشان مِش عايْزاك تِفكّر فِيّا كِده لإِنيّ مِش كِده." كانِت واقْفة عنْد الباب و بدأِت تِقرّب مِنّي شْوَيّة شْوَيّة.

"آدم طيِّب و سهْل في التّعامُل لكِن أنا لأ و بفكّر قبْل ما أتْكلِّم و أتْعامِل معَ أيّ حدّ."

"ليْه بِتْفكّر فِيّا كِده؟"

"عشان صداقِتْكو جت بِسُرْعة و دايْماً سَوا. وَلّا إنْتي بِتْحِبّيه؟!" سألْت و أنا خايِف مِن إجابِتْها.

"لأ طبْعاً، إحْنا أصْحاب بسّ." ثِقِتْها خلِّتْني أفْرح و إجابِتْها بِسُرْعة أثْبتِتْلي الثِّقة دي.

[16:16]

"Are we going to stay like this?"

"Like what?"

"You're going to keep being upset with me and think I'm close to Adam just for my own benefit?!"

"Does my opinion even matter to you?"

"Yes, it does."

"Why?"

"Because I don't want you to think of me that way—because I'm not like that." She was standing by the door and slowly started moving toward me.

"Adam is kind and easy to deal with—but I'm not like that. I think before I speak or act with anyone."

"Why do you think that about me?"

"Because your friendship developed so fast, and you're always together. Or... do you love him?!" I asked, afraid of her answer.

"Of course not. We're just friends." Her confidence made me feel happy, and how quickly she answered confirmed that confidence.

"هانْيا، أنا عنْدي شُغْل و مِسافِر بِاللّيْل."

"بِاللّيْل؟ إزّاي؟ آدم قالّي إنّك هتْسافِر في خِلال أُسْبوع."

"سرّعْت السّفر شُوَيّة عشان الشُّغْل."

فتحْت الباب و خرجْت و أنا بدأْت أحِسّ إنّي عايِز أقولّها حاجة لكِن مِش عارِف و مِش قادِر أقول إنّي بحِبّها و بغير عليْها.

هنْيا

يوسِف سافِر و أنا كان نِفْسي أقولُّه على إحْساسي مِن ناحْيِتُه. سافِر و أنا فِضِلْت أفكّر إمْتى هَيِرْجع؟ إمْتى مُمْكِن نِتْكلِّم؟ و هَيِسْمعْني وَلّا لأ؟ و أسْئِلة كِتير عن مشاعْري و تفْكيري و عنُّه!

"هانْيا." آدم قطع أفْكاري.

"آدم، فيه حاجة؟"

"مشْغولة؟"

"لأ، ليْه؟"

"تعالي هعْزِمِك على الغدا."

[17:18]

"Hania, I've got work to do, and I'm leaving tonight."

"At night? How come? Adam told me you were traveling in a week."

"I moved the trip up a bit because of work."

I opened the door and left, and I started feeling like I wanted to tell her something—but I didn't know what, and I couldn't say that I loved her and was jealous of her.

❖ Hania ❖

Youssef left on a trip, and I really wanted to tell him how I felt about him. He left, and I kept wondering: When will he be back? When can we talk? Will he even listen to me? So many questions about my feelings, my thoughts, and about him!

"Hania." Adam interrupted my thoughts.

"Adam, what is it?"

"Are you busy?"

"No, why?"

"Come on, I'll take you out for lunch."

فات أُسْبوعيْن على سفر يوسِف و كُلّ ما أحِبّ أتْطسِّن عليْه أسْأل آدم.

"تمام هاخُد شنْطِتي و نِتْقابِل تحْت."

"أوْكيْ."

رُحْنا مطْعم جنْب الشِّرْكة و بعْد ما طلبْنا الأكْل، آدم مِسِك إيدي و أنا بصّيْت بِاسْتِغْراب.

"هانْيا، عايِز أقولِّك حاجة."

"فيه أيْه يا آدم؟"

"أنا..." فِضِل يِقطّع في الكلام و مُرْتبِك جِدّاً. "أنا بحِبِّك."

"أيْه؟" اِسْتغْربْت و حسّيْت بِقلق و خوْف جامِد.

"بحِبِّك يا هانْيا."

"آدم." اِرْتبكْت شُوَيّة لكِن كمِّلْت كلامي و فِضِلْت أكون صريحة معاه. أحْسن ليّا و ليْه.

"آدم، إحْنا أصْحاب و أنا بعْتِبْرك صديق، مِش أكْتر مِن إنّك صديق عزيز عليّا جِدّاً و الحُبّ اللي بِتْكلِّم عنُّه أنا مِش حاسّاه مِن ناحْيِتك. متِزْعلْش منّي بسّ الصّراحة أفْضل حلّ لينا في الوَقْت ده."

[18:21]

Two weeks had passed since Youssef traveled, and whenever I wanted to check on him, I asked Adam.

"Okay, I'll grab my bag and meet you downstairs."

"Okay."

We went to a restaurant near the company, and after we ordered, Adam held my hand—and I looked at him, surprised.

"Hania, I want to tell you something."

"What is it, Adam?"

"I…" He kept hesitating, clearly very nervous. "I love you."

"What?" I was shocked and felt anxious and scared.

"I love you, Hania."

"Adam." I hesitated a bit, but then continued, choosing to be honest with him—for his sake and mine.

"Adam, we're friends, and I consider you a dear friend, nothing more. The kind of love you're talking about—I don't feel that for you. Don't be upset with me, but honesty is the best option for both of us right now."

"بِتْحِبّي حدّ تاني؟"

فكّرْت و فجْأة يوسِف جِهْ على بالي و عِرِفْت إنّ أه بحِبّ حدّ تاني... و هُوَّ يوسِف.

فاتِت أيّام مِش بتْكلِّم معَ آدم و مقدِرْتِش أرُدّ على سُؤالُه إنّي بحِبّ حدّ تاني لإِنّي خُفْت أقول و يِسْألْني عن إسْمُه و هُوَّ مين و الأسْئِلة دي.

يوسِف رِجِع و لمّا جِهْ الشِّرْكة طلب يِقابِلْني.

"مِسْتر يوسِف، حضْرِتك طلبْتِني؟"

"اِدْخُلي يا هانْيا."

"نعم؟"

"هانْيا، فاضْيَة النّهارْده بعْد الشُّغْل؟"

"نعم؟"

"فاضْيَة النّهارْده بعْد الشُّغْل يا هانْيا؟"

"أه فاضْيَة."

"تمام. متِمْشيش لإِنّي عايْزِك بعْد الشُّغْل."

[19:40]

"Do you love someone else?"

I thought, and suddenly Youssef came to mind—and I realized that yes, I love someone else... and it's Youssef.

Days passed without me talking to Adam, and I couldn't answer his question about loving someone else because I was afraid he'd ask me who it was and want to know more.

Youssef came back, and when he returned to the company, he asked to see me.

"Mr. Youssef, you asked to see me?"

"Come in, Hania."

"Yes?"

"Hania, are you free after work today?"

"Sorry?"

"Are you free after work today, Hania?"

"Yes, I'm free."

"Great. Don't leave—I want to talk to you after work."

"تمام." اِسْتغْربْت سُؤاله و طلبُه و مكمِّلْش كلامُه معايا و طلب أمْشي دِلْوَقْتي و أرْجع لِشُغْلي.

❖ يوسِف ❖

قرّرْت أقولّها و أتْكلِّم معاها بِصراحة. عايِز أقولّها إنّي بحِبّها و إنّي عايِزْها لِيّا و إنّي بغير عليْها. عايِز أعْرف مشاعِرْها مِن ناحْيِتي و مِن ناحْيِةْ آدم. لمّا سافِرْت فِهِمْت إنّ الصّراحة و الوُضوح أهمّ حاجة و مِن غيرْهُم هفْضل في سوء الفهْم ده و معَ الوَقْت مُمْكِن أخْسرْها و أخْسر صاحِب عُمْري.

بعْد الشُّغْل طلبْتها تيجي لِمكْتبي.

"هانْيا، مُمْكِن نِتْكلِّم شُوَيّة؟"

"أكيد."

"أنا بقالي كِتير بفكّر أقولِّك إزّاي الكلام ده بسّ مفيش طريقة أفْضل مِن إنّي أكون صريح معاكي و أقولِّك اللي جُوّايا."

"فيه أيْه يا يوسِف؟"

[20:37]

"Okay." I was surprised by his question and his request, and he didn't continue the conversation—just asked me to go back to work for now.

❖ Youssef ❖

I decided to tell her and speak honestly. I want to tell her that I love her, that I want her to be mine, and that I'm jealous over her. I want to know how she feels about me—and about Adam. When I traveled, I realized that honesty and clarity are the most important things. Without them, I'll stay stuck in this misunderstanding, and over time, I might lose her... and lose my lifelong friend.

After work, I asked her to come to my office.

"Hania, can we talk for a bit?"

"Of course."

"I've been thinking for a long time about how to say this, but there's no better way than just being honest with you and telling you what's in my heart."

"What is it, Youssef?"

لمّا قالِت إسْمي مِن غيْر مِسْتر اِسْتغْربْت و حبّيْت إسْمي كِده مِنْها و محاوِلْتِش أصلّح و أقولّها إنّي مُديرْها و المفْروض تِقول مِسْتر يوسِف. بِالعكْس حسّيْت كِده إنّي قادِر أتْكلِّم.

"أنا بحِبِّك."

"أيْه؟" قامِت وِقْفِت و بِعْدِت شُوَيّة عن الكُرْسي.

"بحِبِّك يا هانْيا."

"إزّاي؟"

"إزّاي بحِبِّك؟"

"أه، إنْتَ مِتْضايِق مِن علاقْتي بِآدم و مِتْضايِق مِنّي طول الوَقْت مِن ساعِةْ ما جيْت الشِّرْكة و بِتِكْرهْني."

"و بتْعصّب عليْكي لمّا تِكلِّمي زمايْلِك و آدم و تِكوني سهْلِةْ التّعامُل معاهُم."

"أه."

[21:44]

When she said my name without 'Mister', I was surprised—and I liked hearing my name from her like that. I didn't even try to correct her or remind her that I'm her boss and she should say 'Mr. Youssef'. On the contrary, it made me feel ready to speak.

"I love you."

"What?" She stood up and stepped a bit away from the chair.

"I love you, Hania."

"How?"

"How do I love you?"

"Yeah... you were annoyed by my relationship with Adam, and you've been upset with me ever since I joined the company—you acted like you hated me."

"And I get angry when you talk to your colleagues and Adam, and when you're so easygoing with them."

"Ah..."

قُمْت وِقِفْت و بدأت أقرّب مِنْها لكِن هِيَّ كانِت بِتِرْجِع لِوَرا. "و بِتْعصَّب لمّا بِتِرْدّي عليّا أَوْقات و يِكون لِسانِك سابِقِك. و بِتْضايِق مِن آدم لمّا بِيْخلِّيكي تِضْحكي و أنا مِش قادِر أكون زيُّه وَلا سهْل في التَّعامُل زيُّه. و بِتْضايِق أكْتر لمّا بِيْبُصّ عليْكي بِحُبّ و بِتْخُرْجوا سوا و بِيْكلِّمِك في الموبايْل. ده كُلُّه أيْه يا هانْيا؟"

"مِش مُمْكِن."

"ليْه مِش مُمْكِن؟ هانْيا، أنا مِش وَلد صُغيَّر. أنا عنْدي ٣٧ سنة و إنْتي عنْدِك ٢٥ سنة و إحْنا مِش صُغيّرين عشان نِكْدب على بعْض و نِقول إنّنا مِش فاهْمين مشاعِرْنا."

"أنا..." كانِت بِتْبُصّ في الأرْض.

خلِّيْتْها تِرْفع راسْها و تِبُصّْلي. "إنْتي أيْه؟"

"أنا كمان." قالِتْها بِصوْت واطي جِدّاً و سأِلْتها تِكرّرْها تاني و فِعْلاً قالِتْها و كُنّا مبْسوطين لكِن وَقْتها مفكِّرْناش إنّ صاحِب عُمْري هَيْكون بِيِتْغيَّر لِلأَوْحش بِسبَبْنا و هَيْكون بِيِتْغيَّر عشان أنا و هانْيا بِنْحبّ بعْض.

آدم بدأ يِتْغيَّر معايا و حاوِل يِقرّب لِهانْيا عن طريق إنُّهم لِسّه أصْحاب. عِرِفْت مِن هانْيا إنُّه قالّها إنُّه بِيْحِبّها. اِسْتنّيْت كِتير آدم يِتْكلِّم معايا لكِن مفيش و لمّا كُنْت بحاوِل نِتْكلِّم كان بِيِهْرب منّي.

[22:38]

I stood up and started walking toward her, but she kept stepping back. "And I get angry when you snap at me sometimes and your words come out too fast. And I get upset with Adam when he makes you laugh, and I can't be like him—so easy to deal with. And I get even more upset when he looks at you with love and you go out together and he calls you. What is all of that, Hania?"

"That's not possible."

"Why not? Hania, I'm not a kid. I'm 37, and you're 25. We're not kids to lie to ourselves and pretend we don't understand our own feelings."

"I..." She was looking down at the ground.

I gently raised her chin to look at me. "What is it?"

"Me too." She said it in a very soft voice. I asked her to repeat it, and she did—and we were happy. But at that moment, we didn't think about how my lifelong friend would start to change for the worse because of us... and how he would change because Hania and I love each other.

Adam started changing with me and tried to get closer to Hania by acting like they were still just friends. Hania told me he had confessed his love to her. I waited a long time for Adam to talk to me, but nothing happened. And whenever I tried to talk, he avoided me.

حسّيْت آدم بِيْقرّب لِهانْيا عشان يِبعِّدْها عنّي و فِعْلاً صدّقْت لمّا بدأ يِفرّق بيْنّا و يِثْبت لِهانْيا إنيّ مِش بعْرف أحِبّ و إنيّ هجْرحْها و أضايِقْها و زرع جُوّاها الشّكّ و جُوّايا الإحْساس إنّي فِعْلاً مِش هسْعِدْها.

فِضِل يِعْمِل كِده لِحدّ ما قرّرْنا نِبْعد فترْة عن بعْض و قرّر يِعيِّنْها في الشِّرْكة بعْد التّدْريب. و بدأِت تِقرّب مِنُّه أوي و يُخْرُجوا أكْتر سَوا و أنا بحاوِل أقْنع نفْسي إنّ صاحْبي مِش مُمْكِن يِعْمِل فِيّا كِده!

❖ آدم ❖

كُنْت عارِف إنيّ بفرّق بيْنْهُم و عارِف إنّ هانْيا مِش لِيّا و إنّها بِتْحِبّ يوسِف و يوسِف بِيْحِبّها لكِن مكُنْتِش قادِر أقْبل الأمْر الواقع و قرّرْت إنيّ أسْتمِرّ في إنيّ أفرّق بيْنْهُم عشان أقْنع هانْيا إنيّ أحْسن مِن يوسِف... و مقدِرْتِش. هانْيا طول الوَقْت بِتْفكّر فيه و بِتْكلِّم عنُّه. و يوسِف بِيْحاوِل عشان يِثْبِت إنُّه قادِر يِسْعِدْها و يِحِبّها أكْتر مِنّي.

كُلّ مرّة بكون معاها أَوْ معاه بفْهم إنُّهُم بِيْحِبّوا بعْض جِدّاً و إنيّ أنا اللي واقِف بيْنْهُم و صداقْتي هِيَّ اللي مانْعاهُم يِتْغيرّوا معايا و يِبْعِدوني عنْهُم. مكُنْتِش قادِر أميِّز بيْن مشاعِر الصّداقة اللي هانْيا بِتْحِسّها مِن ناحْيِتي و مشاعِر الحُبّ اللي حسّيْتْها مِن ناحْيِتْها.

[24:30]

I felt Adam was getting closer to Hania to push her away from me, and I actually believed it when he started coming between us— trying to convince her that I didn't know how to love, that I would hurt her, upset her, planting doubt in her and making me feel like maybe I really wouldn't be able to make her happy.

He kept doing that until we decided to take a break from each other, and then he decided to officially hire her at the company after her internship. She started getting closer to him, and they went out more often. I kept trying to convince myself that my best friend couldn't possibly do this to me.

❖ Adam ❖

I knew I was coming between them, and I knew Hania wasn't mine—that she loved Youssef and he loved her. But I just couldn't accept reality. I decided to keep trying to split them up, to convince Hania that I was better than Youssef... and I couldn't. Hania was always thinking about him and talking about him. And Youssef was doing everything he could to show he could love her and make her happy more than I could.

Every time I was with her—or with him—I could see clearly how much they loved each other. I was the one standing between them. And my friendship was the only thing stopping them from pushing me away. I couldn't distinguish between the feelings of friendship Hania had for me and the feelings of love I had for her.

لمّا بدأْت أحِسّ إنيّ مُذْنِب في حقُّهُم خِفْت أخْسرْهُم و مقدِرْتِش أكمِّل. قرّرْت أصلّح الوَضْع بِأيّ شكْل و أتْكلِّم بِصراحة معَ يوسِف و هانْيا و فِعْلاً كلِّمْت هانْيا الأوِّل. لكِن كانِت ردِّةْ فِعْلها غريبة.

"آدم، أنا عارْفة إنّك بِتْحِبِّني و كُلّ اللي عِمِلْتُه كان عشان تِبْعِدْني عنُّه و تِقرّبْني مِنّك لكِن اللي عِمِلْتُه غلط و عشان أسامْحك لازِم تِكلِّم يوسِف بِصراحة زيّ ما كلِّمْتِني."

فِهِمْت ساعِتْها إنّ الصّداقة إنّك تِسامِح صاحْبك لَوْ غِلِط و تِفهِّمُه غلطُه و يِصلّحُه إزّاي و إنّ الصّداقة أهمّ مِن الحُبّ.

كلِّمْت يوسِف و كُنْت عارِف إنيّ هتْضِرِب و فِعْلاً لمّا كلِّمْتُه و شرحْتِلُه حِكايْتي و حُبّي ليها ضربْني.

"آدم، تِعْرف إنّك غبي؟"

"ليْه يا يوسِف؟ عشان مهْما كُنْت بحِبّ هانْيا مِش قدّ إنّ أنا و إنْتَ أصْحاب عُمْر و إنّك أهمّ عنْدي مِن أيّ حاجة. كُنْت هتْسيبْهالي مثلاً؟"

"لأ." يوسِف ردّ.

"كُنْت هتِعْمِل أيْه طيِّب؟"

[26:20]

When I started to feel guilty about what I had done to them, I got scared of losing them both. I couldn't keep going. I decided to fix things however I could, and to speak honestly with both Youssef and Hania. I talked to Hania first—but her reaction surprised me.

"Adam, I know you love me. And everything you did was to pull me away from him and get closer to you. But what you did was wrong. If you want me to forgive you, you need to talk to Youssef honestly like you talked to me."

That's when I realized that real friendship means forgiving your friend when they make a mistake, helping them understand what they did wrong, and showing them how to make it right. Friendship is more important than love.

I talked to Youssef, knowing full well I was going to get punched— and yeah, when I explained everything and told him about my feelings for her, he punched me.

"Adam, do you know you're an idiot?"

"Why, Youssef? Because no matter how much I loved Hania, it wasn't as much as how much I value our lifelong friendship? That you mean more to me than anything? What, were you going to just give her to me?"

"No," Youssef replied.

"So what would you have done?"

"كُنْت هعقّلك و نِتْفاهم و أه إنْتَ صاحْبي و هِيَّ حبيبْتي. لا هسيبك وَلا هسيبْها."

فِهِمْت يُقْصُد أيْه. العلاقْتيْن مبْيِتْعارْضوش. و إنّ حُبّ الصّداقة حاجة و الحُبّ اللي بيْحِسُّه مِن ناحْيِتْها علاقة مُخْتلِفة و فِهِمْت إنّي كُنْت بغير عليْه و عليْها عشان مكُنْتِش عايِز يِبْعِدوا عنّي.

صلّحت الوَضْع و اِتْكلِّمْنا إحْنا التّلاتة سَوا و اِتْخانِقْنا و اِتْصلحْنا و النّهارْده واقِف و شايِف الفرْحة فينا إحْنا التّلاتة في يوْم فرحْهُم.

يوسِف

سنة عدِّت و فيها حصل كِتير بيْني و بيْن آدم لكِن لوْلا هانْيا كُنّا خِسِرْنا بعْض لِلأبد. النّهارْده يوْم فرحْنا أنا و هِيَّ.

"مُمْكِن صورة لِلعروسيْن؟" المُصوِّر بِيْوَضّب الكاميرا.

"مِن غيْري؟!" آدم جِري عليْنا و دخل في الصّورة معانا.

[27:52]

"I'd have knocked some sense into you, and we'd talk it out. Yeah, you're my friend, and she's my love. I'm not losing you—and I'm not losing her."

I understood what he meant. The two relationships didn't have to conflict. Friendship is one kind of love, and the romantic love he felt for her was a different kind. I realized my jealousy came from not wanting either of them to drift away from me.

I fixed things, and the three of us talked together—we fought, we made up, and now I'm standing here seeing the joy on all our faces on their wedding day.

❖ Youssef ❖

A year has passed, and a lot happened between me and Adam. But if it weren't for Hania, we would have lost each other forever. Today is my wedding day—with her.

"Can we get a photo of the bride and groom?" The photographer adjusted the camera.

"Without me?!" Adam ran up and jumped into the photo with us.

Arabic Text without Tashkeel

For a more authentic reading challenge, read the story without the aid of diacritics (tashkeel) and the parallel English translation.

بيقولوا الحب أحلى حاجة ممكن تحصل لأي حد. أنا معرفش أيه هو الحب. كل اللي أعرفه هو الصداقة و العيلة. بسمع إن الحب أنواع لكن معرفش ولا نوع. حتى معرفش إذا كانت الصداقة نوع من الحب ولا اهتمامي بعيلتي و خوفي عليهم نوع من الحب ولا لأ.

ولا مرة فكرت إن في يوم هيظهر حد يخليني أفكر في حياتي و في علاقاتي و إن الحد ده ممكن يغير كتير فيا و في اللي حواليا.

ساعات بنقابل ناس و بنبعد عن ناس من غير ما نحس بأي تغير بسببهم لكن هي كانت مختلفة. هي جت في حياتي و حياة أعز صاحب ليا و غيرتنا و غيرت كتير في حياتنا. يمكن حكايتي شبه كتير من الحكايات لكن بنسبالي كانت مختلفة و جديدة و كل حاجة فيها أول مرة أحسها.

إسمي يوسف، ٣٨ سنة، ورثت عن جدي و بابا الشغل و الشركة. آدم صاحب عمري. جدي و جد آدم أصحاب عمر و شركا في الشغل و عملوا الشركة سوا و من بعدهم أبهاتنا. و بعد ما بابا مات، بابا آدم كمل تربيتي و مخلانيش أحس إني من غير أب.

حياتي كانت بس الشغل و عيلتي و صاحبي و شوية الحفلات اللي بتتعمل بسبب الشركة و نجاحها. لكن جه اليوم اللي تتغير في حاجات كتير و تتغير حياتي معاه.

بدأت الحكاية من سنة:

"يوسف، إنت عارف إني باجي الشركة عشانك بس."

"آدم، إنت مجنون؟ هي شركتي أنا لوحدي ولا أيه؟ ما هي شركتك إنت كمان!"

"أه، صح بس أنا شغلي فيها العلاقات العامة. إنت واخد الإدارة و أنا أصلا مش عايز أمسك إدارة الشركة."

"آدم، يعني لو أنا مش موجود الشركة دي لازم تاخد إدارتها و تشتغل."

"لا إنت موجود يا يوسف و هتفضل موجود و الشركة دي أنا مش هشغلها أحسن منك. المهم بقى قابلت المتدربين الجداد؟"

"لأ لسه و إنت قابلتهم؟"

"لأ، طيب هما موجودين. خلينا نكلم مروة تدخلهم و نقابلهم سوا."

"خلاص تمام."

"مروة، ابعتيلي السير الذاتية بتاعة المتدربين الجداد و خلي واحد واحد يدخل."

"مستر يوسف، هما تلاتة بس."

"ماشي يا مروة، عارف إنهم تلاتة بس."

"حاضر يا مستر يوسف. هجيبلك الملفات و أدخلهم."

مروة دخلت علينا و إدتني تلات ملفات فيهم السير الذاتية لكل متدرب. و بدأ يدخل واحد واحد فيهم عندي في المكتب و نتكلم معاه أنا و آدم. بعد ما خلصنا أول اتنين و كانوا ولاد، دق الباب.

"اتفضل." بفتح الملف بتاعها و هي بتدخل المكتب. في أول كام ثانية أنا مكنتش ببصلها و كنت بشوف ملفها لكن آدم شافها.

"إسمك أيه؟" آدم سألها بابتسامته المعتادة.

"هانيا. مستر آدم صح؟"

أول ما بدأت تكلم و سمعت صوتها، بصيت عليها. وقفتها و لبسها و ابتسامتها. فيه ثقة في عينيها و ثبات انفعالي إنها واقفة قدام أصحاب الشركة.

"تعرفينا؟" سألتها لإن مش كله بيحاول يعرف عننا و عن الشركة إلا الصحافة!

"المفروض أعرفكو عشان قدمت في الشركة. إزاي أقدم في الشركة من غير ما أعرف تاريخها و بتشتغل في أيه و مين أصحابها."

"تمام. الملف بتاعك حلو و مبروك! هتبدأي الشغل يوم الحد الجاي." آدم بيكلمها و أنا ساكت. مكنتش فاهم ليه ساكت كده قدامها. كل اللي كنت حاسس بيه وقتها إني عايز أفضل شايفها.

معرفش الحب من أول نظرة و مش بصدق بوجوده. و عارف إني محبيتهاش من أول نظرة لكن عارف إني كرهت صداقتها مع آدم.

بدأت هانيا الشغل و بدأت تتطور العلاقة بينها و بين آدم و بقوا أصحاب، يتغدوا سوا و يتكلموا كتير.

آدم كان قاعد مع هانيا في المكتب و أنا داخل عنده.

"آنسة هانيا."

"مستر يوسف."

"بتعملي أيه هنا؟"

"أنا كنت بسلم تقرير لمستر آدم."

"و سلمتيه؟"

"أه يا مستر يوسف."

"و هي اللي بتسلم شغل بتقعد مع مديرها و تضحك و تتكلم؟!"

هانيا وقفت فجأة: "مش فاهمة. حضرتك تقصد أيه؟"

قربت منها من غير ما أقصد أو أحس لكن صوت آدم وقفني.

"يوسف، فيه أيه؟ أنا اللي قلتلها تقعد شوية و نتكلم. عادي يا يوسف."

"لأ مش عادي يا آدم. و هنا شركة يعني مكان شغل! مش كفاية بتتغدوا سوا و بتكلموا بره الشركة؟!"

"يوسف..."

"مستر آدم، أنا همشي و أروح مكتبي. مستر يوسف، آسفة جدا." هانيا قطعت كلام آدم و كانت متضايقة و هي خارجة من المكتب.

"فيه أيه يا يوسف؟ ليه حاسس إن من لما هانيا جت الشركة و إنت بتتصرف معاها بشكل غريب؟ و مش عادتك تكون كده."

"و إنت يا آدم ليه قريب منها كده؟"

"يوسف، إحنا أصحاب أنا و هانيا. البنت شاطرة و كويسة جدا و ليها مستقبل معانا."

بصيت لآدم لما قال كلمة مستقبل و أنا كل اللي بفكر فيه ليه فعلا بتضايق لما بشوفها بتضحك مع آدم و حتى بتضايق من علاقتها بكل زمايلها في الشركة.

"يوسف!" آدم قطع أفكاري.

"نعم؟"

"إنت سامعني؟"

"سامع أيه؟"

"كنت بسألك عن عشا العمل مع مستر خيري عشان العقود الجديدة مع شركته."

"ماله؟"

"أيه رأيك لو أخدنا هانيا؟"

"نعم! ليه يا آدم؟ و من إمتى بناخد متدربين معانا؟"

"هانيا مش بس شغلها حلو، هانيا كمان صورة و صوت كويس لينا."

"إزاي؟"

"هانيا بتعرف تجيب معلومات و كل حاجة عن شغلها و عن الشركات اللي نتعاقد معاها. و غير كده أسلوبها و كلامها حلويين و ده زود شغل عندنا في فترة وجودها معانا. عشان كده شايف إنها هتكون ميزة في صالحنا لو أخدناها معانا."

"سيبني أفكر."

"طيب المهم متتأخرش عشان لو موافق نقولها."

"تمام يا آدم."

❖ ❖ ❖

يمكن تكون وجهة نظري من الحكاية مش مختلفة كتير و يمكن لإني بحكي حكايتي معاهم.

آدم و يوسف شخصين مختلفين تماما لكن أصحاب جدا. لما قدمت في الشركة كنت قريت كتير و بحثت كتير عنهم و من اللي عرفته إنهم أصحاب عمر و بيحبوا بعض جدا.

متخيلتش في يوم إن وجودي هيكون ليه أثر في حياتهم أو إن معرفتهم هتغير كتير في حياتي. هانيا اللي مبدأها الشغل و النجاح بعد ما عرفت يوسف و آدم اتغيرت كتير... و حياتي اتغيرت معاهم.

أول مرة شفته مكنتش فاهمة ليه يوسف بيبصلي و كإني غريبة أو كإنه بيكرهني. مكنتش فاهمة إن علاقتي بآدم كانت مضايقاه و صداقتي مع آدم وصلته لإنه يتضايق و يتعصب باستمرار و من الناحية التانية آدم اللي بدأ يفكر في صداقتنا بشكل مختلف.

يمكن محسيتش بكل ده إلا بعد ما عزموني على عشا العمل مع الشركة اللي هنتعاقد معاها. كنت مبسوطة جدا إنهم عزموني و فرصة ليا أثبت إني قد الشغل عشان فعلا كنت عايزة أشتغل في الشركة و أكون من متدربة لموظفة في الشركة.

"هانيا إنتي جاهزة؟ إحنا تحت البيت."

"أه يا مستر آدم."

"لأ، مستر أيه بس؟ إنتي عارفة لحد ما نوصل تقولي آدم. طول ما إحنا بره الشغل تناديني آدم."

"حاضر يا آدم." ضحكت و قفلت الموبايل.

لما نزلت و شفت يوسف في العربية استغربت. ركبت و آدم ابتسملي و قال:

"عارف شكلك كنتي فاكرة هاجي أخدك لوحدي!"

"تقريبا..."

آدم ضحك و يوسف بص من الشباك و قال:

"مكنتيش عايزاني آجي معاكو يا آنسة هانيا؟"

"لأ طبعا، مش قصدي يا مستر يوسف. مستغربة بس."

دخلنا المطعم، من المطاعم المشهورة و الكبيرة في القاهرة. جه مدير علينا و أخدنا لطرابيزة في الآخر عشان نكون بعيد عن دوشة المطعم.

وصل مستر خيري و معاه المحامي بتاعه. فضلنا نتكلم لحد ما الأكل جه و خلص و بعد فترة جه راجل و بدأ يعزف البيانو.

"هانيا، ترقصي معايا؟"

"آدم محدش بيرقص هنا. الناس بتسمع البيانو. هنرقص لوحدنا ولا أيه؟" ضحكنا.

"عادي! إحنا مختلفين خلينا نبدأ نرقص و نشجع الناس تقوم ترقص."

"تمام."

قمت رقصت مع آدم و بصيت على يوسف لقيته متضايق و وشه غريب و متعصب. قام بسرعة و قرب علينا.

"آدم تسمحلي!"

"يوسف هيرقص؟ جديدة دي." آدم ضحك.

يوسف أخد إيدي و قربني ليه و بدأنا نرقص.

"إنتي عايزة أيه؟"

"عايزة أيه في أيه يا مستر يوسف؟"

"من آدم؟"

"مش عايزة حاجة. أنا و آدم مجرد أصحاب."

"أمم، أصحاب مش شايفة إنها بسرعة أوي؟"

"صداقتنا جت بسرعة يعني؟!"

"أه."

"مش بسرعة ولا حاجة. أنا في الشركة من تلات شهور و آدم سهل في التعامل و إنسان كويس أوي. بحترمه و بحبه كصديق."

"صعب أصدقك."

"ليه؟ فاكرني عايزة منه حاجة؟ و إني بفكر في مصلحتي و في الفلوس و الشغل؟!"

"أه، أنا مش فاكرك كده... أنا متأكد."

"تمام، أنا مش هقول حاجة تغير رأيك فيا. بالعكس هسيبك لحد ما تغير رأيك بنفسك."

وقفت و بعدت عنه و رجعت للكرسي بتاعي و قعدت. بقية الليلة كنت ساكتة و مش بتكلم حتى لحد ما وصلوني للبيت. آدم قال هيتصل بيا لما يروح بيته عشان نتكلم براحتنا و يفهم فيه أيه. لكن أنا قفلت الموبايل و نمت.

عدت الأيام و أنا مش بحاول أتكلم مع يوسف بأي شكل ولا أتواجه معاه. كنت بحاول حتى ميشوفنيش لا لوحدي ولا مع آدم. طول الوقت كنت متضايقة من تفكيره فيا كده و بدأت أحس إني عايزة أغير نظرته ليا. مش عايزاه يحس إني بعرف آدم عشان مصلحتي أو إني إنسانة مش كويسة!

عايزة نتعامل سوا بأحسن من كده و نكون كويسين سوا زي أنا و آدم. ليه بفكر فيه و ليه عايزة أوضحله و أغيرله تفكيره؟ ليه بتضايق لما مش بنتقابل و نتكلم؟ ليه كل أحاسيسي من ناحيته غريبة و ملهاش إسم؟

فات شهر و إحنا كده و عرفت من آدم إن يوسف هيسافر في خلال أسبوع عشان فيه شغل بره مصر لازم يسافرله. وقتها حسيت إني عايزة أتكلم معاه و أشوفه قبل ما يسافر.

❖   ❖   ❖

"اتفضل ادخل."

"مستر يوسف."

"هانيا."

"حضرتك مسافر؟"

بصيت عليها و أنا مستغرب من سؤالها: "بتسألي ليه يا هانيا؟"

"عايزة أتكلم معاك."

"فيه أيه؟" قمت من ورا المكتب و بدأت أقرب منها و حاسس بحاجة غريبة جوايا دايما بتشدني ليها لكن وقفت نفسي قبل ما أقرب أوي منها.

"هنفضل كده؟"

"كده أيه؟"

"هتفضل متضايق مني و فاكر إني أعرف آدم عشان مصلحتي؟!"

"هيفرق رأيي معاكي؟"

"أه يفرق."

"ليه؟"

"عشان مش عايزاك تفكر فيا كده لإني مش كده." كانت واقفة عند الباب و بدأت تقرب مني شوية شوية.

"آدم طيب و سهل في التعامل لكن أنا لأ و بفكر قبل ما أتكلم و أتعامل مع أي حد."

"ليه بتفكر فيا كده؟"

"عشان صداقتكو جت بسرعة و دايما سوا. ولا إنتي بتحبيه؟!" سألت و أنا خايف من إجابتها.

"لأ طبعا، إحنا أصحاب بس." ثقتها خلتني أفرح و إجابتها بسرعة أثبتتلي الثقة دي.

"هانيا، أنا عندي شغل و مسافر بالليل."

"بالليل؟ إزاي؟ آدم قالي إنك هتسافر في خلال أسبوع."

"سرعت السفر شوية عشان الشغل."

فتحت الباب و خرجت و أنا بدأت أحس إني عايز أقولها حاجة لكن مش عارف و مش قادر أقول إني بحبها و بغير عليها.

يوسف سافر و أنا كان نفسي أقوله على إحساسي من ناحيته. سافر و أنا فضلت أفكر إمتى هيرجع؟ إمتى ممكن نتكلم؟ و هيسمعني ولا لأ؟ و أسئلة كتير عن مشاعري و تفكيري و عنه!

"هانيا." آدم قطع أفكاري.

"آدم، فيه حاجة؟"

"مشغولة؟"

"لأ، ليه؟"

"تعالي هعزمك على الغدا."

فات أسبوعين على سفر يوسف و كل ما أحب أتطمن عليه أسأل آدم.

"تمام هاخد شنطتي و نتقابل تحت."

"أوكي."

رحنا مطعم جنب الشركة و بعد ما طلبنا الأكل، آدم مسك إيدي و أنا بصيت باستغراب.

"هانيا، عايز أقولك حاجة."

"فيه أيه يا آدم؟"

"أنا..." فضل يقطع في الكلام و مرتبك جدا. "أنا بحبك."

"أيه؟" استغربت و حسيت بقلق و خوف جامد.

"بحبك يا هانيا."

"آدم." ارتبكت شوية لكن كملت كلامي و فضلت أكون صريحة معاه. أحسن ليا و ليه.

"آدم، إحنا أصحاب و أنا بعتبرك صديق، مش أكتر من إنك صديق عزيز عليا جدا و الحب اللي بتكلم عنه أنا مش حاساه من ناحيتك. متزعلش مني بس الصراحة أفضل حل لينا في الوقت ده."

"بتحبي حد تاني؟"

فكرت و فجأة يوسف جه على بالي و عرفت إن أه بحب حد تاني... و هو يوسف.

فاتت أيام مش بتكلم مع آدم و مقدرتش أرد على سؤاله إني بحب حد تاني لإني خفت أقول و يسألني عن إسمه و هو مين و الأسئلة دي.

يوسف رجع و لما جه الشركة طلب يقابلني.

"مستر يوسف، حضرتك طلبتني؟"

"ادخلي يا هانيا."

"نعم؟"

"هانيا، فاضية النهارده بعد الشغل؟"

"نعم؟"

"فاضية النهارده بعد الشغل يا هانيا؟"

"أه فاضية."

"تمام. متمشيش لإني عايزك بعد الشغل."

"تمام." استغربت سؤاله و طلبه و مكملش كلامه معايا و طلب أمشي دلوقتي و أرجع لشغلي.

❖ ❖ ❖

قررت أقولها و أتكلم معاها بصراحة. عايز أقولها إني بحبها و إني عايزها ليا و إني بغير عليها. عايز أعرف مشاعرها من ناحيتي و من ناحية آدم. لما سافرت فهمت إن الصراحة و الوضوح أهم حاجة و من غيرهم هفضل في سوء الفهم ده و مع الوقت ممكن أخسرها و أخسر صاحب عمري.

بعد الشغل طلبتها تيجي لمكتبي.

"هانيا، ممكن نتكلم شوية؟"

"أكيد."

"أنا بقالي كتير بفكر أقولك إزاي الكلام ده بس مفيش طريقة أفضل من إني أكون صريح معاكي و أقولك اللي جوايا."

"فيه أيه يا يوسف؟"

لما قالت إسمي من غير مستر استغربت و حبيت إسمي كده منها و محاولتش أصلح و أقولها إني مديرها و المفروض تقول مستر يوسف. بالعكس حسيت كده إني قادر أتكلم.

"أنا بحبك."

"أيه؟" قامت وقفت و بعدت شوية عن الكرسي.

"بحبك يا هانيا."

"إزاي؟"

"إزاي بحبك؟"

"أه، إنت متضايق من علاقتي بآدم و متضايق مني طول الوقت من ساعة ما جيت الشركة و بتكرهني."

"و بتعصب عليكي لما تكلمي زمايلك و آدم و تكوني سهلة التعامل معاهم."

"أه."

قمت وقفت و بدأت أقرب منها لكن هي كانت بترجع لورا. "و بتعصب لما بتردي عليا أوقات و يكون لسانك سابقك. و بتضايق من آدم لما بيخليكي تضحكي و أنا مش قادر أكون زيه ولا سهل في التعامل زيه. و بتضايق أكتر لما بيبص عليكي بحب و بتخرجوا سوا و بيكلمك في الموبايل. ده كله أيه يا هانيا؟"

"مش ممكن."

"ليه مش ممكن؟ هانيا، أنا مش ولد صغير. أنا عندي ٣٧ سنة و إنتي عندك ٢٥ سنة و إحنا مش صغيرين عشان نكدب على بعض و نقول إننا مش فاهمين مشاعرنا."

"أنا..." كانت بتبص في الأرض.

خليتها ترفع راسها و تبصلي. "إنتي أيه؟"

"أنا كمان." قالتها بصوت واطي جدا و سألتها تكررها تاني و فعلا قالتها و كنا مبسوطين لكن وقتها مفكرناش إن صاحب عمري هيكون بيتغير للأوحش بسببنا و هيكون بيتغير عشان أنا و هانيا بنحب بعض.

آدم بدأ يتغير معايا و حاول يقرب لهانيا عن طريق إنهم لسه أصحاب. عرفت من هانيا إنه قالها إنه بيحبها. استنيت كتير آدم يتكلم معايا لكن مفيش و لما كنت بحاول نتكلم كان بيهرب مني.

حسيت آدم بيقرب لهانيا عشان يبعدها عني و فعلا صدقت لما بدأ يفرق بينا و يثبت لهانيا إني مش بعرف أحب و إني هجرحها و أضايقها و زرع جواها الشك و جوايا الإحساس إني فعلا مش هسعدها.

فضل يعمل كده لحد ما قررنا نبعد فترة عن بعض و قرر يعينها في الشركة بعد التدريب. و بدأت تقرب منه أوي و يخرجوا أكتر سوا و أنا بحاول أقنع نفسي إن صاحبي مش ممكن يعمل فيا كده!

❖   ❖   ❖

كنت عارف إني بفرق بينهم و عارف إن هانيا مش ليا و إنها بتحب يوسف و يوسف بيحبها لكن مكنتش قادر أقبل الأمر الواقع و قررت إني أستمر في إني أفرق بينهم عشان أقنع هانيا إني أحسن من يوسف... و مقدرتش. هانيا طول الوقت بتفكر فيه و بتكلم عنه. و يوسف بيحاول عشان يثبت إنه قادر يسعدها و يحبها أكتر مني.

كل مرة بكون معاها أو معاه بفهم إنهم بيحبوا بعض جدا و إني أنا اللي واقف بينهم و صداقتي هي اللي مانعاهم يتغيروا معايا و يبعدوني عنهم. مكنتش قادر أميز بين مشاعر الصداقة اللي هانيا بتحسها من ناحيتي و مشاعر الحب اللي حسيتها من ناحيتها.

لما بدأت أحس إني مذنب في حقهم خفت أخسرهم و مقدرتش أكمل. قررت أصلح الوضع بأي شكل و أتكلم بصراحة مع يوسف و هانيا و فعلا كلمت هانيا الأول. لكن كانت ردة فعلها غريبة.

"آدم، أنا عارفة إنك بتحبني و كل اللي عملته كان عشان تبعدني عنه و تقربني منك لكن اللي عملته غلط و عشان أسامحك لازم تكلم يوسف بصراحة زي ما

كلمتني."

فهمت ساعتها إن الصداقة إنك تسامح صاحبك لو غلط و تفهمه غلطه و يصلحه إزاي و إن الصداقة أهم من الحب.

كلمت يوسف و كنت عارف إني هتضرب و فعلا لما كلمته و شرحتله حكايتي و حبي ليها ضربني.

"آدم، تعرف إنك غبي؟"

"ليه يا يوسف؟ عشان مهما كنت بحب هانيا مش قد إن أنا و إنت أصحاب عمر و إنك أهم عندي من أي حاجة. كنت هتسيبهالي مثلا؟"

"لأ." يوسف رد.

"كنت هتعمل أيه طيب؟"

"كنت هعقلك و نتفاهم و أه إنت صاحبي و هي حبيبتي. لا هسيبك ولا هسيبها."

فهمت يقصد أيه. العلاقتين مبيتعارضوش. و إن حب الصداقة حاجة و الحب اللي بيحسه من ناحيتها علاقة مختلفة و فهمت إني كنت بغير عليه و عليها عشان مكنتش عايز يبعدوا عني.

صلحت الوضع و اتكلمنا إحنا التلاتة سوا و اتخانقنا و اتصلحنا و النهارده واقف و شايف الفرحة فينا إحنا التلاتة في يوم فرحهم.

❖ ❖ ❖

سنة عدت و فيها حصل كتير بيني و بين آدم لكن لولا هانيا كنا خسرنا بعض للأبد. النهارده يوم فرحنا أنا و هي.

"ممكن صورة للعروسين؟" المصور بيوضب الكاميرا.

"من غيري؟!" آدم جري علينا و دخل في الصورة معانا.

Comprehension Questions

1. مين اللي قال إنّ الحُبّ أحْلى حاجة مُمْكِن تِحْصل لِأيّ حَدّ؟
2. يوسِف كان عنْدُه كام سنة؟
3. أيْه كانِت عِلاقةْ جِدّ يوسِف بِجِدّ آدم؟
4. ليْه يوسِف كان بِيِتْضايِق مِن هانْيا في الأوّل؟
5. مين اِقْترح إنّ هانْيا تِحْضر العشا بِتاع الشُّغْل؟
6. أيْه كان ردّ فِعْل يوسِف لمّا شاف هانْيا بِتُرْقُص معَ آدم؟
7. ليْه يوسِف سرّع سفرُه؟
8. أيْه كان ردّ فِعْل هانْيا لمّا آدم قالّها إنّه بِيْحِبّها؟
9. إزّاي آدم حاوِل يِفرّق بيْن يوسِف و هانْيا؟
10. ليْه هانْيا مرْضِتْش تُرُدّ على سُؤال آدم عن حُبّها لِحدّ تاني؟
11. إزّاي هانْيا عِرْفِت إنّها بِتْحِبّ يوسِف؟
12. أيْه كان مَوْقِف آدم لمّا عِرِف إنّ يوسِف و هانْيا بِيْحِبّوا بعْض؟
13. ليْه آدَم اِعْترف لِيوسِف بِاللي عملُه؟
14. أيْه كان ردّ فِعْل يوسِف لمّا آدم اِعْترف؟
15. إزّاي هانْيا ساعدِت في حلّ المُشْكِلة بيْن يوسِف و آدم؟
16. مين كان السّبب في تغْيير عِلاقةْ يوسِف و آدم؟
17. ليْه يوسِف مسابْش هانْيا لِآدم؟
18. أيْه اللي خلّى آدم يِعْرف إنّ الصُّحوبية أهمّ مِن الحُبّ؟
19. عدّى وَقْت قدّ أيْه لِحدّ ما يوسِف و هانْيا اتْجوِّزوا؟
20. آدم عمل أيْه في يوْم الفرح؟

1. Who was saying that love is the best thing that could happen to anyone?
2. How old was Youssef?
3. What was the relationship between Youssef's grandfather and Adam's grandfather?
4. Why was Youssef upset with Hania at first?
5. Who suggested that Hania attend the business dinner?
6. What was Youssef's reaction when he saw Hania dancing with Adam?
7. Why did Youssef hasten his travel?
8. How did Hania react when Adam told her he loved her?
9. How did Adam try to separate Youssef and Hania?
10. Why did Hania refuse to answer Adam's question about loving someone else?
11. How did Hania realize she loved Youssef?
12. What was Adam's position when he learned about Youssef and Hania's love?
13. Why did Adam confess to Youssef what he had done?
14. What was Youssef's reaction when Adam confessed?
15. How did Hania help resolve the problem between Youssef and Adam?
16. Who was the cause of the change in Youssef and Adam's relationship?
17. Why didn't Youssef leave Hania for Adam?
18. What made Adam realize that friendship was more important than love?
19. How long did it take until Youssef and Hania's wedding?
20. What did Adam do on the wedding day?

Answers to the Comprehension Questions

1. يوسِف كان بيْقول كِده في أوّل القِصّة.
2. يوسِف كان عنْدُه ٣٨ سنة.
3. كانوا أصْحاب العُمْر و شُركا في الشُّغْل و عملوا الشِّرْكة سَوا.
4. عشان كان شايِف إنّ عِلاقِتْها بِآدم بِتْطوّر بِسُرْعة و كان بيْغير عليْها.
5. آدم هُوَّ اللي اِقْترح إنّها تِحْضر عشا الشُّغْل.
6. اِتْضايِق جِدّاً و طلب يِرْقُص معاها بدل آدم.
7. عشان يِهْرُب مِن مشاعْرُه ناحْيِةْ هانْيا.
8. مقِبْلِتْش المَوْضوع و قالِتْلُه إنّها بِتِعْتبْرُه صاحِب بسّ.
9. حاوِل يِزْرع الشّكّ في قلْب هانْيا و يِثْبِتْلها إنّ يوسِف مِش هَيِسْعِدْها.
10. عشان كانِت خايْفة يِسْألْها مين الشّخْص ده و يِعْرف إنُّه يوسِف.
11. عِرْفِت لمّا آدم سألْها إذا كانِت بِتْحِبّ حدّ تاني، فا جِهْ في بالْها على طول يوسِف.
12. حاوِل يِفرِّق بيْنْهُم و يِخلّي هانْيا تِبْعِد عن يوسِف.
13. عشان خاف يِخْسر صداقِتْهُم و حسّ بِالذّنْب.
14. ضربُه الأوّل و بعْديْن فِهِم وِجْهِةْ نظرُه و سامْحُه.
15. طلبِت مِن آدم إنُّه يِعْترِف لِيوسِف و يِصارْحُه بِكُلّ حاجة.
16. الحُبّ و الغيْرة كانوا السّبب في تغْيير عِلاقِتْهُم.
17. عشان كان بيْحِبّها بِجدّ و مِش مُمْكِن يِتْنازِل عنْها.
18. كِلام هانْيا و ردّ فِعْل يوسِف خلّوه يِفْهم إنّ الصُّحوبية أهمّ.
19. سنة واحْدة.
20. دخل معاهُم في الصّورة و شارِكْهُم فرْحِتْهُم.

1. Youssef was saying this at the beginning of the story.
2. Youssef was 38 years old.
3. They were lifelong friends and business partners who created the company together.
4. Because he saw her relationship with Adam developing quickly and he was jealous of her.
5. Adam suggested that she attend the business dinner.
6. He became very upset and asked to dance with her instead of Adam.
7. To escape from his feelings toward Hania.
8. She refused his love and told him she considered him just a friend.
9. He tried to plant doubt in Hania's heart and prove that Youssef wouldn't make her happy.
10. Because she was afraid he would ask about the person's name and know it was Youssef.
11. She realized when Adam asked if she loved someone else and Youssef immediately came to mind.
12. He tried to separate them and make Hania distance herself from Youssef.
13. Because he was afraid of losing their friendship and felt guilty.
14. He punched him first, then understood his perspective and forgave him.
15. She asked Adam to confess to Youssef and be honest about everything.
16. Love and jealousy were the cause of changing their relationship.
17. Because he truly loved her and couldn't give her up.
18. Hania's words and Youssef's reaction made him realize that friendship was more important.
19. One year.
20. He joined them in the picture and shared their joy.

Summary

Read the scrambled summary of the story below. Write the correct number (1–10) in the blank next to each event to show the proper sequence.

___ في عشا في الشُّغل، يوسِف كشف عن غيرْتُه مِن عِلاقِةْ هانْيا و آدم.

___ آدم اِعْترف لِهانْيا إنُّه بيْحِبّها لكِن هِيَّ مَوافْقِتْش.

___ آدم اِعْترف و يوسِف سامْحُه.

___ هانْيا طلبِت مِن آدم إنُّه يِعْترِف لِيوسِف بِاللي عملُه.

___ آدم حاوِل يِفرَّق بينْ يوسِف و هانْيا.

___ هانْيا قدّمِت على شُغْل في الشِّرْكة و قابْلِت يوسِف و آدم.

___ بعْد سنة، يوسِف و هانْيا اِتْجوّزوا و آدم اِحْتفِل معاهُم.

___ يوسِف اِعْترف لِهانْيا بِحُبُّه و هِيَّ كمان بادْلِتُه نفْس المشاعِر.

___ يوسِف و آدم كانوا أصْحاب العُمْر و شُركا في شِرْكة وِرْثوها عن جُدودْهُم.

___ هانْيا بدأِت تِتْصاحِب على آدم و يوسِف بدا يِتْضايِق.

Key to the Summary

4   At the business dinner, Youssef revealed his jealousy of Hania and Adam's relationship.

6   Adam confessed his love to Hania and she refused.

9   Adam confessed and Youssef forgave him.

8   Hania asked Adam to confess to Youssef what he did.

7   Adam tried to separate Youssef and Hania.

2   Hania applied for work at the company and met Youssef and Adam.

10 After a year, Youssef and Hania got married and Adam celebrated with them.

5   Youssef confessed his love to Hania and she reciprocated his feelings.

1   Youssef and Adam were lifelong friends and partners in a company inherited from their grandfathers.

3   Hania began a strong friendship with Adam and Youssef became upset.

Egyptian Arabic Readers Series

www.lingualism.com/ear

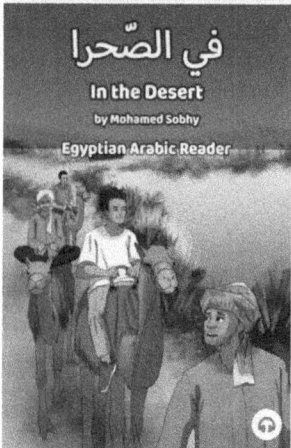

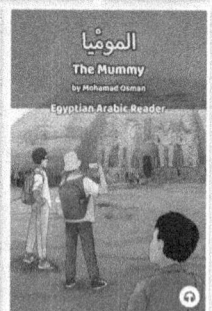

www.ingramcontent.com/pod-product-compliance
Lightning Source LLC
Chambersburg PA
CBHW072051040426
42447CB00012BB/3093
9781949650198